のだめカンタービレ
Nodame Cantabile
#23
二ノ宮知子
TOMOKO NINOMIYA
sempre una corda

のだめラプソディの

千秋真一（ちあき しんいち）

野田 恵（のだ めぐみ）

飛行機恐怖症のため長い間留学できずにいたが、意を決してパリへ。ヴィエラを師として仰ぐが、シュトレーゼマンの弟子となった。パリのマルレ・オケの常任指揮者に就任。

音楽を聴けば、一度でその通りピアノ演奏できる天才。パリのコンセルヴァトワールに留学中。オクレールに師事するが、シュトレーゼマンと共演して成功したのち行方不明に。

ヤドヴィ（ヤドヴィガ）

三善(みよし)のアパルトマンに住む、テルミンが得意なハンガリー人留学生。部屋にこもって作曲をしているため、めったに姿を現さない。

黒木泰則（くろき やすのり）

コンセルヴァトワールに通いながら、マルレ・オケに入団したオーボエ奏者。R☆S(ライジング・スター)オケにも参加し、のだめに恋をしていたことも。

長田克弘（おさだ かつひろ）

千秋が子供の頃から三善のアパルトマンに住む売れない画家。学生たちの父親的存在？　千秋の父・雅之とは旧知の仲。

ターニャ（タチヤーナ・ヴィシニョーワ）

三善のアパルトマンに住むロシア人ピアノ留学生。オシャレで社交的。世話好きで料理が得意。ただいま、日本男子に片想い中。

ニナ・ルッツ

千秋家と親交が深いピアニスト。かつて、長野で開催されたニナ・ルッツ音楽祭で指導したのだめを、教室から追い出した。

千秋雅之（ちあき まさゆき）

千秋が子供の頃に離婚した放蕩親父。著名なピアニストだが、非家庭的なうえ息子に浮気現場を目撃され、絶交状態にあった。

エリーゼ

シュトレーゼマンのマネージャーで、オリバーを従えて世界中を飛び回り、わがままなエロジジイを操る。のだめと千秋も担当。

シャルル・オクレール

コンセルヴァトワールのピアノ教師。日本のコンクールで見出したのだめを、真のピアニストに育てるためにじっくり指導中。

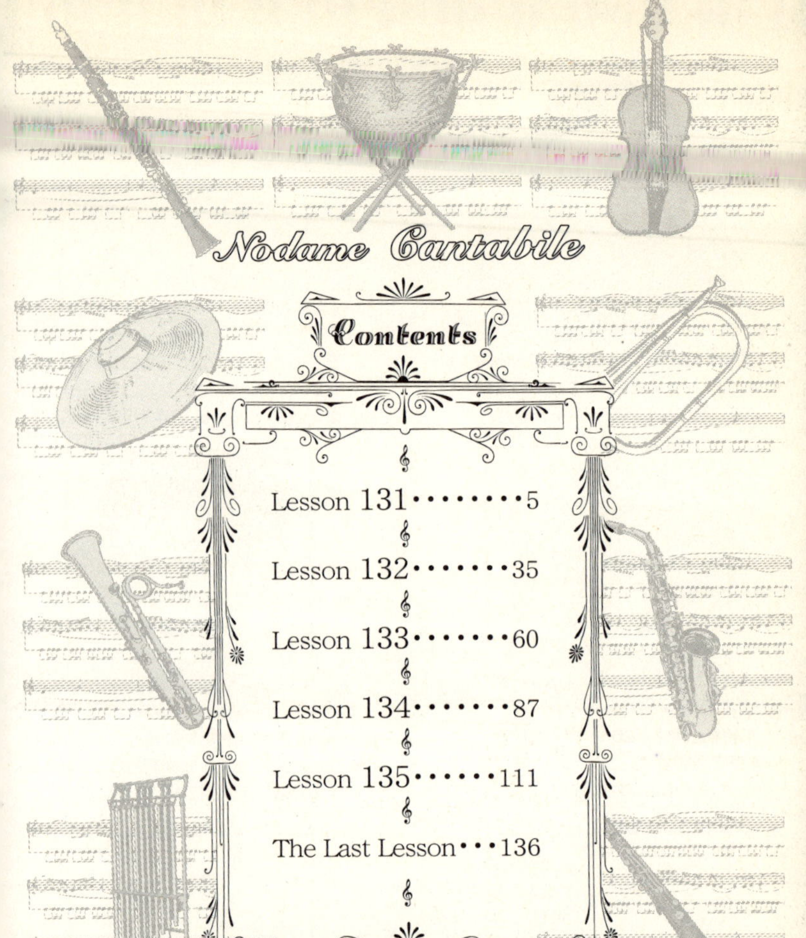

Contents

TOMOKO NINOMIYA

●この物語はフィクションです。実在する施設・団体・個人・商品などとは、いっさい関係ありません。
●楽譜協力:音楽之友社(カバー、p1)

TGV
Lesson 131

〃消えちゃったのよ〃
〃「あたち もう弾けない」とか言って〃
前にも大川に帰ってしまったことがあったけど
あの時とは違う
ちゃんと結果を出したのに
あんな すごい演奏したあとで〃弾けない〃ってなんだよ!?

前から
予測不可能な
奴（やつ）だったけど
オレが
見失わなければ
いいって
思っていたのに……
まさか
あいつが
旅に出たまま
帰ってこない
なんて――
なんだ……
今
すっかり
見失ってる!?

今日 偶然 お忍びで リハを見に来てた 実は 俺のファン だっていう ニコール・キッドマン って……
おまえか
ヴィエラ なんかに だまされた
ち・・

邪魔したな

ハー

なんだよ
もっと激しく凹まれちゃってると思ってたら
そうでもないのか？
どうでもいいし……
もう
それどころじゃないし
それ扱いかよ……すでに

そっちこそ
……
なにがあっても
近寄ってこなかった
くせに
なんの用だよ

このあいだ
おまえの
ベートーヴェン
聴いた

あ――
知ってる
……
失敗したって
つつきに来たのか
ニナと
来てただろ

よかったよ

演奏はともかく

まともな人間に育ってくれて安心し

散歩したり
仕事場に
連れてったり
連れて
歩いただけ
だろうが!!
練習だって
みてやった
たった
一回だろ
!!
俺だって
自分のことで
一杯一杯で……
まあ 昔は
俺も子供だったって
ことかな
知ってる
字が
子供以下くらい
下手だったよな!
あ
今もか!?
今もだな
△5巻参照
ハー
やっぱり
俺たち
合わないのかな
そうだな!
消えてくれ
刺したく
なる前に

どうした？
そんなにすごい悩みか？
面白い話ならお父さんに話してみろ
面白くないから
なぜ みんな面白がるんだ
今度は絶縁親子の再会だ～

そんなに
オレが
おかしいか――
ゴォォ

ゴォォ

パリ…
もうすぐ
かな…

次は
ブリュッセル
次は
ブリュッセルに
到着します

ベルギー
ブリュッセル

ベ…

ホテルに泊まるお金なんてもう…
ない…
変な女だな
まぁ
おまえが避けられてるっていうのは
この場合あれだ——

シュトレーゼマンと
やったら
最高に気持ち
よかったから
今さら真一となんか
したくないと
ぶほっ

それか
おまえ
浮気現場でも
見られたんじゃ
ねーの？
なんの話だ
ああ!?
同じこと
同じこと

やっぱ
帰る！
おい
山盛り
フライドポテト
頼んだんだから
半分食べて
いけよ

がっ
がっ
「もう
弾けない」
ってのは……
よくある話だ

いい演奏した後は
これ以上の演奏は
出来ないんじゃないか
と怖くなったり……
俺は
ないけど
(うそ)

普通は
しばらくすると
切り替えられる
そうか……
だよな
でも たまに
いつまでたっても
切り替えられない
奴もいる
それで
キャンセル
しまくったり
満足したから
もういい とか
言っちゃったり
おいつ…

〝あいつって……
早く満足して
終わらせたがってる
気がする〟

そうだ……
あいつは切り替えたくないのか!?
オレ……
振られたのか!?
満足できればオレとの共演(コンチェルト)でなくてもよかったってのかよ!?

オレはなんで
こんなこと
世界で一番
嫌いだった奴に
話してるんだ!?
おまえを
忘れて
もう一回
シュトレーゼマンの
ところへ行く
真剣
俺が
彼女だったら……
そして
あわよくば
もう一回
共演してもらう

あいつは あんたとは 違う
だったら 聞くな……
いつの間にか 一番大事なのは あいつといる 未来になってる――
いや…
馬小屋は ないですけど ……
いいですよ 一晩だけなら 泊まってても
仕方 ない
HOTEL
物置部屋で いいなら 無料でいい ですけど……
いいん ですね!?

なんか…
落ちつく部屋ですね…
ぐ〜〜
そだ!
昼間残したサンドイッチ

ダニ!?かもしれない…

プ〜ン

蚊もとんでいるかもしれない…

ギュルル

のだめだっておなかを壊す…
ということはあの時ののだめカレーはやっぱりシロかもしれない…

プ〜ン

先輩……
う…っ
千秋先輩………
ひっく…
……せんぱい

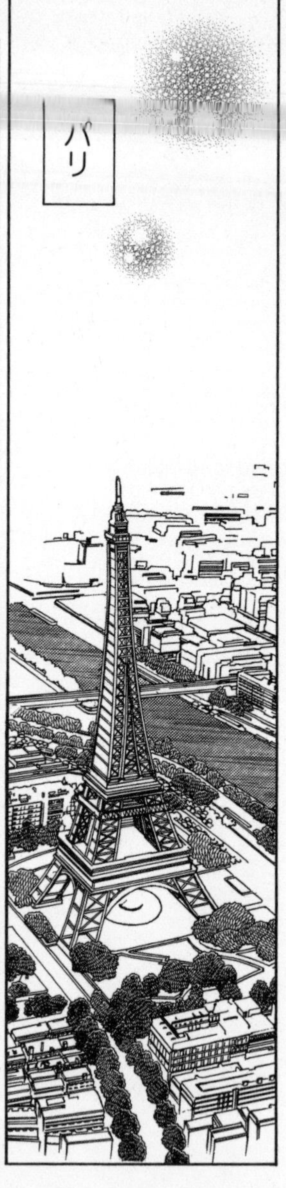
パリ

中国人のお土産を買いに行く〜!?
はぁー
いいわねぇ試験終わった人はのんきで
ターニャはまた学校で練習か?
夜には帰って来るのか?

帰るの遅いから
夕ごはんなら自分で作りなさいよ
ち…
わたしは明日が試験なの!!

あ〜早く結果出して今年こそパリ・コレでも見に行きた〜い
フン
無駄無駄
なにがパリコレ…
どうせ万年ヒョウ柄トラ柄

今日は違うわよ!!
失礼なっ
違うけどそれなに柄?
まぶしいんだけど
あんたにファッションのこと言われたくない!

只今のだめは外出中デス

ご用の方はメッセージをおねがいします

ピー

リアルタイム大川

姉ちゃんまじでデビューしたと!?

動画見たっちゃけどあれはプロのオケね?

あんジイちゃん誰!?

※古賀政男＝福岡県田口村（現・大川市）出身の作曲家。戦後昭和を代表する流行歌王として多くの曲をヒットさせた。1978年永眠。没後、音楽家として初めて国民栄誉賞を贈られる。

いっぱんで
よかけん
ばあちゃんも
パリに行ってから
パリ・コレ
ピロー
くら…
古賀先生…？
プロコース
めざせ古賀先生
ミルヒーともう一度共演
エリーゼの元へ投降（1コマ進む）
日本コース
大川へ帰る（1コマ進む）
9巻に戻る
旅を続ける
もじゃもじゃコース
学校コース
オクレール先生の元へ投降（1コマ進む）
何事もなかったようにまた勉強を続ける

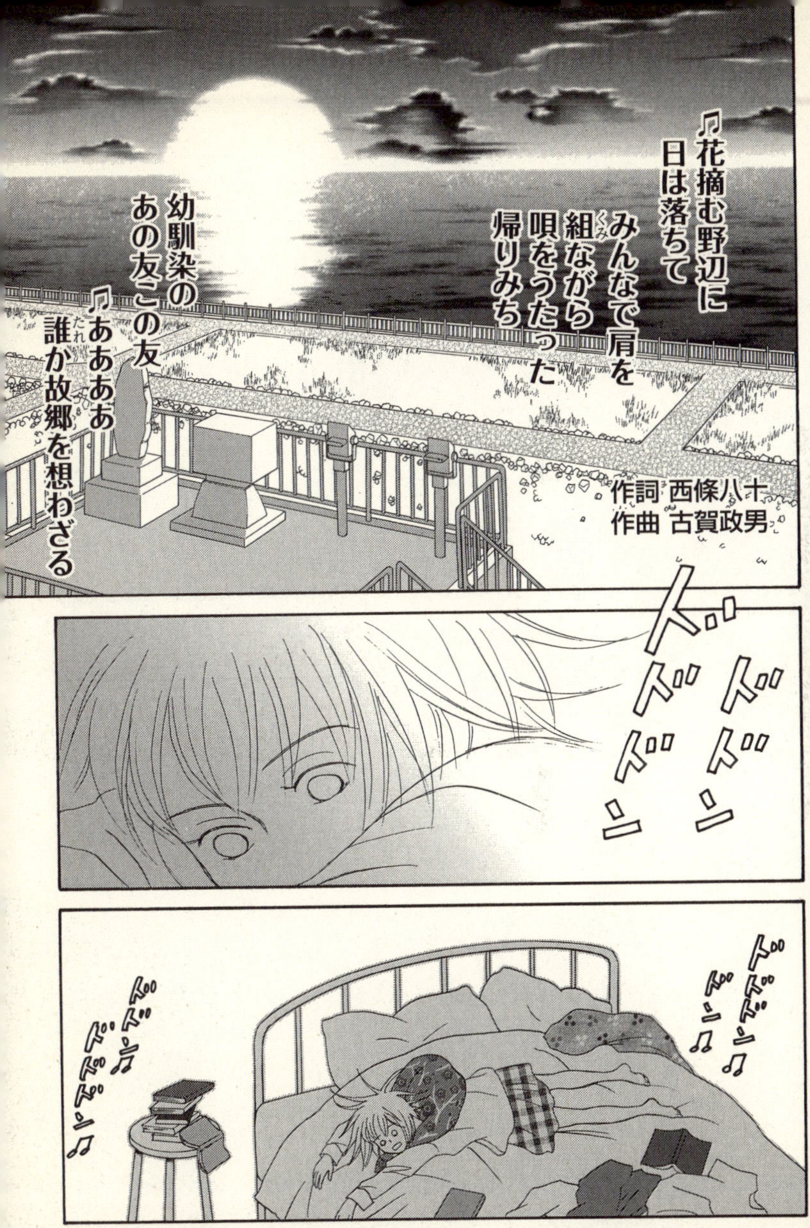

♪花摘む野辺に
日は落ちて
みんなで肩を
組(くみ)ながら
唄をうたった
帰りみち
幼馴染の
あの友この友
♪ああああ
誰(たれ)か故郷を想わざる

作詞 西條八十
作曲 古賀政男

ドドドン
ドドン

JASRAC 出 0913860-901

ドド
ドドーン♫
ドドドーン♫
タターン
ドーンドド
ドンドド
ドーンズド♫
タタタタタタタタ♫
あ……
ドッ
タタタタタ

ガラガッシャーン
ズーン
ゴワン
ゴワン
ジャーン
バーンッ
ヤドヴィ!?

ジャーン。。
あ〜〜〜…
ごめん……
シンバル倒れた……

Lesson 132

ごめんね……
うるさかった？

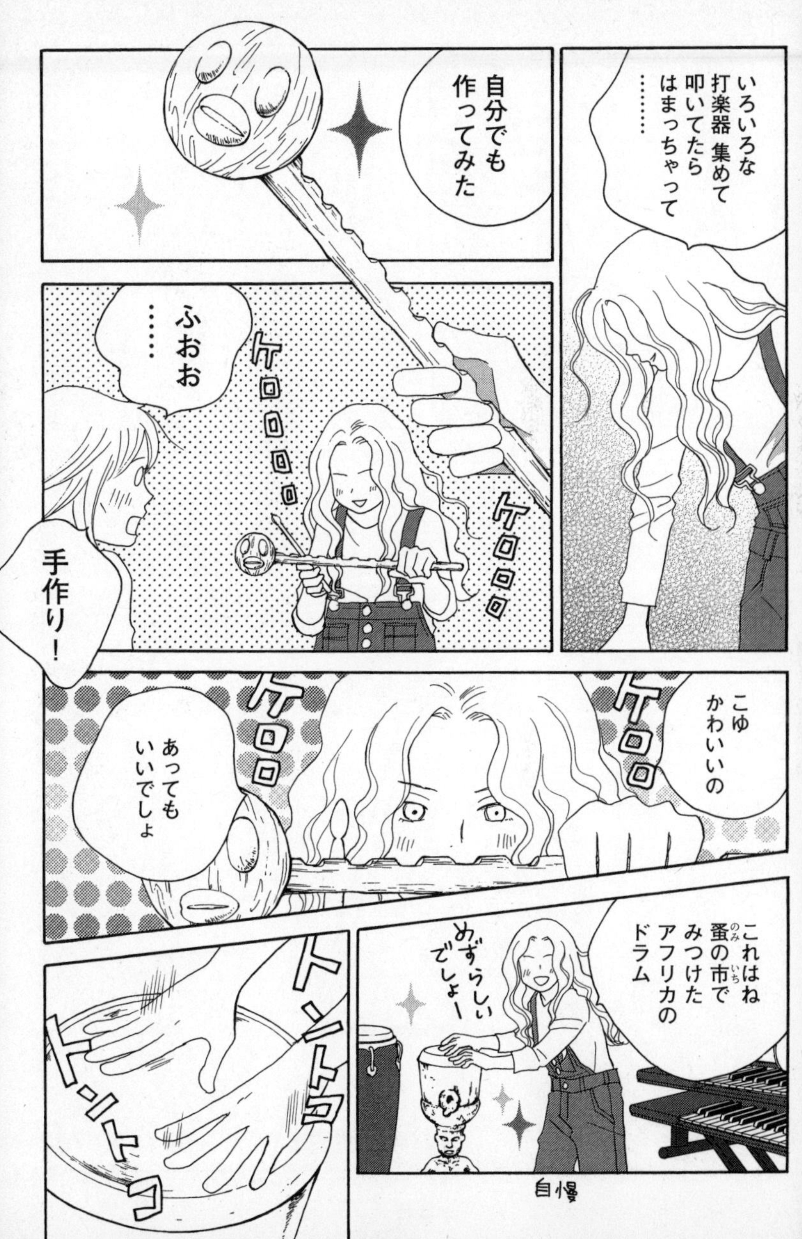
いろいろな打楽器 集めて叩いてたらはまっちゃって……
自分でも作ってみた
ふおお……
ケロロロロロロ
ケロロロロ
手作り！
こゆかわいいの
ケロロ
ケロロ
あってもいいでしょ
これはね蚤の市でみつけたアフリカのドラム
めずらしいでしょー
自慢
トントコ
トントコ

トントコ
コン

ふい〰〰…

タイコって楽しいねぇ~
魂(たましい)が踊るよ~
やっぱ打楽器は音楽の原点だね!
ハ～～
めも結構
手らねし
あ
原点……
そういえばピアノも打楽器だよね
ポーン

うんっ
今作ってる曲にピアノを入れてもいいかも！
かしっかしっ
ふおお……
さすが作曲科
曲がみるみると…
学校行くの見たことないですけど……
行ってるよ！いちおう……見えてないだけで

のだめも……
曲を作ってたんですヨ
日本にいる頃はよく……
へぇ〜〜〜
どんな曲？
聴かせてよ
むん
では手始めに‥

んー？
ブブブ

♫元気に出そう
♫いい音出そう
♫ドレミファプププー
わぁ〜〜〜♫
アーーー
なにそれ〜
へんなのー

もも♫
もじゃもじゃ♫
もじゃみちゃーん♫
おはよう♫
もじゃもじゃ森の♫
もじゃもじゃ3丁目
紙芝居……
おもしろそーう

わたしも
作って
みたーい
タイコで
アフリカ風!?
ア〜〜〜♫
ハラヘッタ
〜〜〜♫
ハラヘッタちゃん
物語
あ〜のキリン
美味しそう♫
ふおっ
名作の
予感
あっちの
ガゼルも
美味しそう♫
むん
マリンバ風
ピアノ
お母さん♫
♫どっちが
いいですか!?

のだめ

帰って来たんだ……

昔……
よくこの音で
目覚めていた
気がする

息子が
泣こうが
親が死のうが
平気で
自分の音楽に
籠(こも)れる奴

いや
ピッ
昔は
「平気で」と
思っていたけど

e-mails
NODAME
Nodame Desu
Jean Donnadi
Bonsoir!!!
Theo
aujourd'h
Jean D
Bonjo

ピッ
のだめ!?
ピッ

バーカ
エリーゼだよーん
You're jerk!
From Elise♪
がーーン。
また
のだめの
携帯使って
……

ブラジルの
オリの曲が
決まりましたので
お知らせします
今回
あまり
時間がないけど
しっかり
勉強しなさいよ
↑セレブパーティ潜入中
「平気で」とは
限らないって
今だったら
わかるから

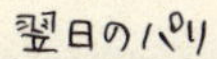
翌日のパリ

しかし
この曲かよ…
もう
いいよ

どうだった?
ターニャ
卒業試験

大丈夫……
だと
思う
たぶん……

おめでと〜！
おりかれー
早いよ！
ぬか喜びかもしれないヨ
パチ
パチ
うっさいわね！
とりあえず
終わった終わった！

よかったよ……
ターニャの
試験が
終わってくれて

ハーイ♡
お久しぶりの
カトリーヌ
です♡
おっす！
おら
セルジュ

お人良し！
だって……
ベビーシッターの
都合がつかないから
どうしても今日だけって
なんで
ひとり増え
てんのよ!?

バカじゃないの！ひとりじゃ面倒見切れないくせに！
もぉ〜
すみません……
お世話になります……
どっちがお人良しなんだ？
あ
タイコだ

え〜〜〜
誰よ!?

友達?

亡霊か!?

ドドンドドン

ちょっ…
ターニャ
勝手に
開けて…

のだめ!!
あ/
おーーっ
恵ちゃん!?
スター様!?
ア ハ ハ ハ
あ・・・
笑ってんじゃないわよ!!
バカ
ぎゃぼ
なんで黙って休学!?
ひどいよのだめ黙ってデビューなんて
言ってくれれば行ったのに!
ロンドン

まぁまぁ
なんにせよ よかったヨー
帰国するまでに サインをして もらいたくて
ピアノ教室に 飾るやつ
なにがまぁまぁ だよ!!
アイヤー
すごい 評判だよ のだめ
これから どうするの? プロ活動?
学校も……
千秋と マダム征子も のだめのこと 捜してたよ
ちゃんと 連絡した?
なんで 誰にも なにも 言ってないの?
オクレール 先生は?
あ……
のだめ ちゃ〜〜ん!

遊びましょ――――!
カトリン!
おー
なにして遊びましょうか?
タイコタイコ!
さっきのタイコ!
△カトリーヌ(マルレオケのオーボエ「ケイタイ」の子)
子供には絶対貸さないから!
しっしっ
えーっ
ヤドヴィ…
あなただって子供でしょー!?
やだったらヤダ!!
イー
元気に出そう♫
いい音出そう♫
ドレミファプップップー♫

わぁ〜〜☆
ギャハハ
なんなの?
帰って来るなりあの態度……

わたしたちは無視!?
まあまあ
ケンカしない
サインもこれからですし

変だよね……
目も合わさないし

ちゃんとデビューの話を聞きたいのに……

SENDING
ピッ

えっ
あいつこんないいワイン開けてたの!?
がーン…

Lesson133

しかし
この曲かよ…

長い
長い

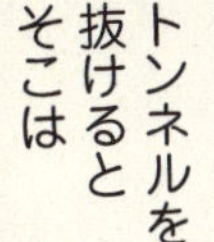
トンネルを
抜けると
そこは

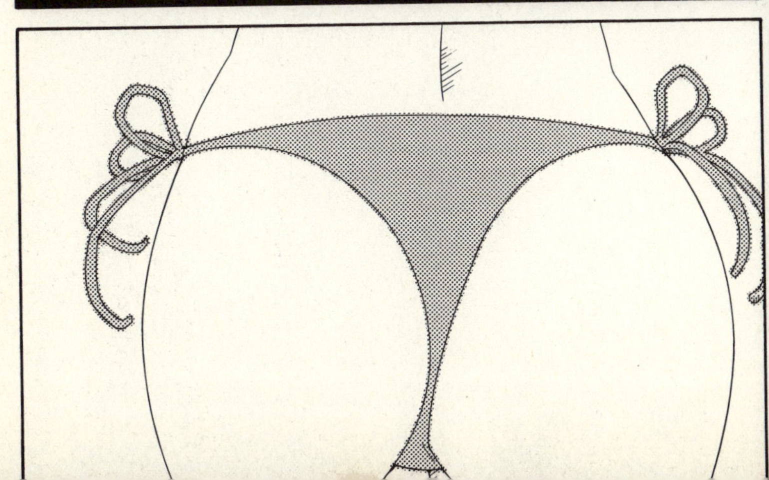

ラテンの国
だった

海ここ
な……

なに？ここ……
はい……？

ブラジルはじめてなんだろう!? 千秋
まずはいいトコ案内しないと！
バーン

着ってたか?
ないならオレのを貸そうか?
いらないから
はなせっ
くテルにれて行け
なんで?
のビーチの女性の水着は簡素で高なのに……
海なんかまったく見たくもない!
千秋って…
変態?
気を確かに持とう
オレの周りにはいつもラテンな人間がいたんだから(峰とかテオとか)
Boa tarde!(こんにちは)
Boa tarde!

千秋です よろしく お願いします
よろしく
ドンドン ドンドン
コンマス
本日のソリスト
サックスのジミー・メラーズです
よろしく
イギリス
どうしたの その顔……
真っ赤…
昨日(きのう) 海に連れて行かれて
オー そりゃあ楽しかっただろ？
ええ もう すごい活気で つい朝まで……
一日で 性格変わっちゃった気がします
アハハハ
サンバ最高☆
なんか陽気なイギリス人だな
珍しい
あの日本人暗くない？
珍しくないけど

若くて
イキのいい
指揮者を
呼ぶって
言ったのに

若いのに
難しそうな
日本人が来た

ハハハ

誰だ？
間違え
たの

ダリウス・ミヨー
〈スカラムーシュ〉
サクソフォンと
管弦楽のための
組曲

サックスも
いいけど
後光が…
指揮者も
いいじゃん

KB

ブラジルは
70%の国民が
黄色いTシャツ
着てるとか
サッカーの日は
街中で銃撃戦が
起こるとか
車には
スピーカーが
10台付けて
あるのが
クールとか
聞いたけど
そうでも
ないじゃんね
ハハハ
あ
黄色…
でも……
女性が
美しいって
いうのは
本当だね

あのオケのヴァイオリンの女の子……キレイだよね
前から2列目のブロンドの……
ボクに気がある気がする
目が合った時カナリアのような笑顔を返してくれたんだ
カナリアって…
気のせいだろ
硬派な奏者だと聞いていたのに…
え〜〜そうかなぁ!?
本当に一日であたまやられたのか!?
なんでえ?
暑いしな
……
千秋ってネガティブだな!
スカラムーシュの3曲目はサンバだよ
リズムが

言わせて
もらえば
もうちょっと
ノリよく
やってくれ
ないかな

一曲目は
よかったけど

ラテンの国での
コンサート
なんだからさ

う…

なんで
そんなに
頑(かたく)ななの？

ドレミファプップップー♫

わぁ〜☆

アハハ

本当は何度も
思ったことがある
あいつにとっては
日本にいる人生のほうが
幸せだったんじゃないかって
苦しみ踠く
音を聴くたびに

おはよー
はよー
マジか!?

うん……
結婚してもいいと思ってる

はぁ!?
昨日会ったばっかで!
彼女が結婚してくれないなら付き合わないって言うし
すごくいい子なんだ!

やさしいし激しいし!
相性はバッチリなんだ!
なんの話を…

紫外線浴びすぎか!?

Scaramouche
3 Brazileira

こんな曲を
やっている
からか?

オレも あたまが
やられてきたのかも
しれない……
あいつの
プロポーズを
受けよう!!

今さらかも
しれないけど
とっくに
忘れてるかも
しれないけど
ちょっと
なに
あれ……
うそォ

また 子供
増えてる
じゃない!!
ワー
キャハハ
なに
やってんの!?
のだめ
みんな
ヤスが連れて
来たの!?
いや
違うよ
僕じゃ
なくて
恵ちゃんが
評判よくて
音楽やって
くれるから
マルレの
他の団員の子や
その近所の子まで
一緒にって……

〝幼稚園の先生が目標の人が〟

〝同じ「上」を目指すのって変ですよね!?〟

ヤス?

こっちも練習始めましょ

ヤスこそ
コンクールまで
時間ないのよね
!
わたしもか!
今日は
第2楽章
からで
いい?
うん
恵ちゃんの
「変」は
あれから ずっと
変わってなかったん
だろうか――

Lesson 134
ARIOSO
Musique et Art
ARIOSO
Musique et Art

バルトークね いいわよ 買っても

わーいっ

ちゃんと 練習する のよ

うんっ

シューマン
〈子供の情景〉
「十分幸せ」
のだめちゃん!
次は
「鬼ごっこ」!
この
「鬼ごっこ」
弾いて!

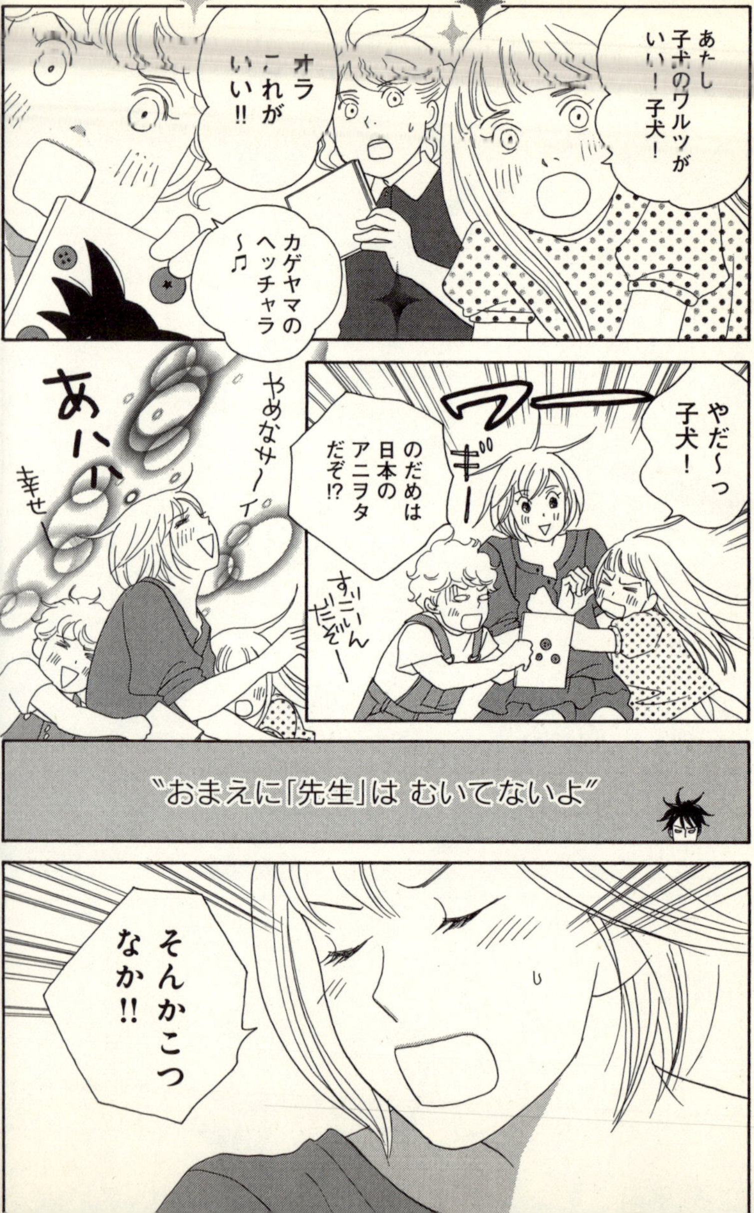

あたし子犬のワルツがいい！子犬！

オラこれがいい!!

カゲヤマのヘッチャラ～♪

やだ～っ子犬！

ワー

ギー

のだめは日本のアニヲタだぞ!?

すごいんだぞー

やめなサ～イ

あハハ

幸せ～

〝おまえに「先生」は むいてないよ〟

びっ……
びっくりした～
なんだよのだめ……
すみません……
ごめんくださイ
って……オイ
知らない人扱いかヨ!?
……いい加減にしろヨ!!
幼稚園ごっことか

なにやってんだよ!?あんなに頑張ったのに
チャンスだって手に入れたのに!
才能だってあるのに!!
サインなんかもらうんじゃなかったヨ!!

今日はおごるよ…
のだめの楽譜……
入力しておいたけど
これも子供用の曲だよね？

!!
あれ 歌詞付き?
こんなかんじ!?
ふぉぉ
今のいいですね
シャジ〜な
そう?
?。
さすがデス
そやって自分の曲が人にアレンジされて弾かれるのも楽しいですネ
ますますリスペクト
え〜〜
わたしはイヤだけどな
勝手にやられるの
のだめはいいデス
自分も人の曲よくアレンジしちゃうし

学校で……クラシックでそれやるからよく怒られましたけど
あハハ
昔からずっといつも
のだめはだから窮屈(きゅうくつ)なんだ？

18世紀みたいに作曲家が演奏者だったり即興演奏も普通だった時代とか
モーツァルトやベートーヴェンの頃ね
演奏者の主観的な解釈や編曲が受け入れられてた19世紀の終わり頃だったらのだめはよかったのかもね

レコードや
CDなんかも
なかったから
お客さんも
その時々の演奏
ライヴを
楽しんでたし
リスト
そーですヨ！
なんで今は
こんなに
窮屈
なんですかね！
勝手に
こうだって
決めつけたり
叩いたり
評論とかも
いろいろと
あたまにくる
んですヨ!!
Ru-の
こととか…
Ru-のこと
とか!!
た……
たまってる
るんだね
……
悪いことばっか
じゃないって
わかってる
けど…
でも……
自分の曲
だったら
自由に
できるし……

ごはんに
海苔に納豆
という
日本の３大国民食を
組み合わせた
最強の食べ物
デス♡

最強……

まあ
たいやきや
だんごと
同じような
モンです！

↑みえみえ

まきまき
まきまき♫
♫ねばネバ
♫パリパリ

また
擬音!?

もじゃもじゃ
とか…

♪ナンチャッテシャルロッテ～

♪ナンチャッテ
シャルロッテ～
ハミガキ！
シタシタ♪
ベンキョハ？
シタシタ♪
「嘘つきシャルロッテ(仏題)」作詞・作曲／ヤドヴィ　和訳／のだめ
カタヅケ！
シタシタ～♪
UFO(ユーフォー)？
キタキター♪
ナンチャッテ
ー!!
キャハハ
ヤドヴィこわい～
アハハ
これどんな日本語～？

それじゃあ
次はBメロね
ハーイ!
アハハ

あいつが
本当に好きな道を
選んで
オレは
それを
受け入れて
あいつの
ピアノだって
一緒にいれば
いつだって
こうして
オレは聴ける
普通の
ことだ
なんの
問題もない

ストップ
ストップ〜〜〜〜！
キー
止
のだめ間違えすぎ!!
あわワ
あーまた…
ちゃんと楽譜見てる!?
見てるけど……この曲ちょっとヘンだし少しくらいアレンジしても
変じゃないもん！
やりづら…
ぜったい一音も変えるのダメー!!
ちょっと難しいからって
ピアノ科のくせに！
のだめヘタクソ!?
ギャハ
ヘタクソ
ププ
あう
のだめ株急落

なんだあー
むずかしいのは
ダメなんだ
しょせん
おなら
……
ガッカリ
やめなよ……
のだめちゃん
かわいそうだよ
ストップ
ストップ
〜〜〜〜!
ストップ安
ムキー
のだめ先生
やる時は
やるんデスヨ!?
おお!?
スーパーサイヤ人!?
バキ
バキ…

ベートーヴェンの
ピアノ・ソナタ
第31番

それでも
オレはやっぱり

何度でも
あいつを
あの舞台に
連れて行きたいと
思うんだ

この
ピアノを
聴くたびに

のだめ！
オレと
一緒に
協奏曲（コンチェルト）
やろう!!

Lesson 135

オレと一緒に協奏曲(コンチェルト)やろう!!

マルレでもなんでも!

い……
はぁ!?
協奏曲(コンチェルト)はもうミルヒーとやったし
てゆうか
いやデス!
あれ以上の演奏……
先輩となんかできるわけない

断定かよ!?
おいっ
怖いんです
一番大事な
先輩との共演(コンチェルト)が
自分だって
あれ以上に
弾ける気が
しないのに
もし
ダメだったら
って思うと……
先輩のことも
好きじゃ
いられなく
なりそうで
おまえ
ヒドっ……
本当に
ヒドイ

いつもこれだ！
オレと一緒にヨーロッパへ行かないか？
こいつの転機にオレが関わって
受け入れられたことは一度もない！
自由に楽しくピアノを弾いて
なにが悪いんですか!?
ぼへぇーっ
ドー
なにやってんですか!!
もういい
わかった

ガバ
しっ
来い!
大きなお世話だろうが
ムキャー
的外れだろうが構わない
のだめちゃんが王子様にさらわれたし
あれはチアキよー

ゴォォ
先輩……
どこ行くんですか……？
食べ物とかアニメとかじゃ釣られませんよ
のだめはもう……
今度だけはたぶんこのままじゃ……

真一!?
ええ
ピアニスト
ニナ・ルッツ
ギャボー
↑じんましん
おじゃまします――
なに!?
だれ？それ

ここなら
ピアノが
2台あるから
モーツァルトの
「2台のピアノのためのソナタ」
それなら
できるだろ
今度こそ
オレが
引き戻す――

ハ……
あハハ…
そんなのコンチェルトと違うし
もう覚えてない？
……覚えてマスよ
もちろん
その曲だけは……
はじめてふたりで演奏した曲
でも
あの時ののだめと今ののだめは違いますヨ

しかも先輩のサビついたピアノじゃあ
オイ…
バカにすんな
オレだってあの頃とは違うぞ……
あるイミ

こんなことやってなんの意味が
やってみなけりゃわからないだろう!?

オレが1でおまえが2
だよな
間違えてもいいから第3楽章までノン・ストップで

最初の
テンポは
これくらいで
先生
なんです？
千秋
いきなり
来てっ

モーツァルト…

Mozart:Sonata for 2 pianos in D major k.448

でも

本当に
あの時とは
違う

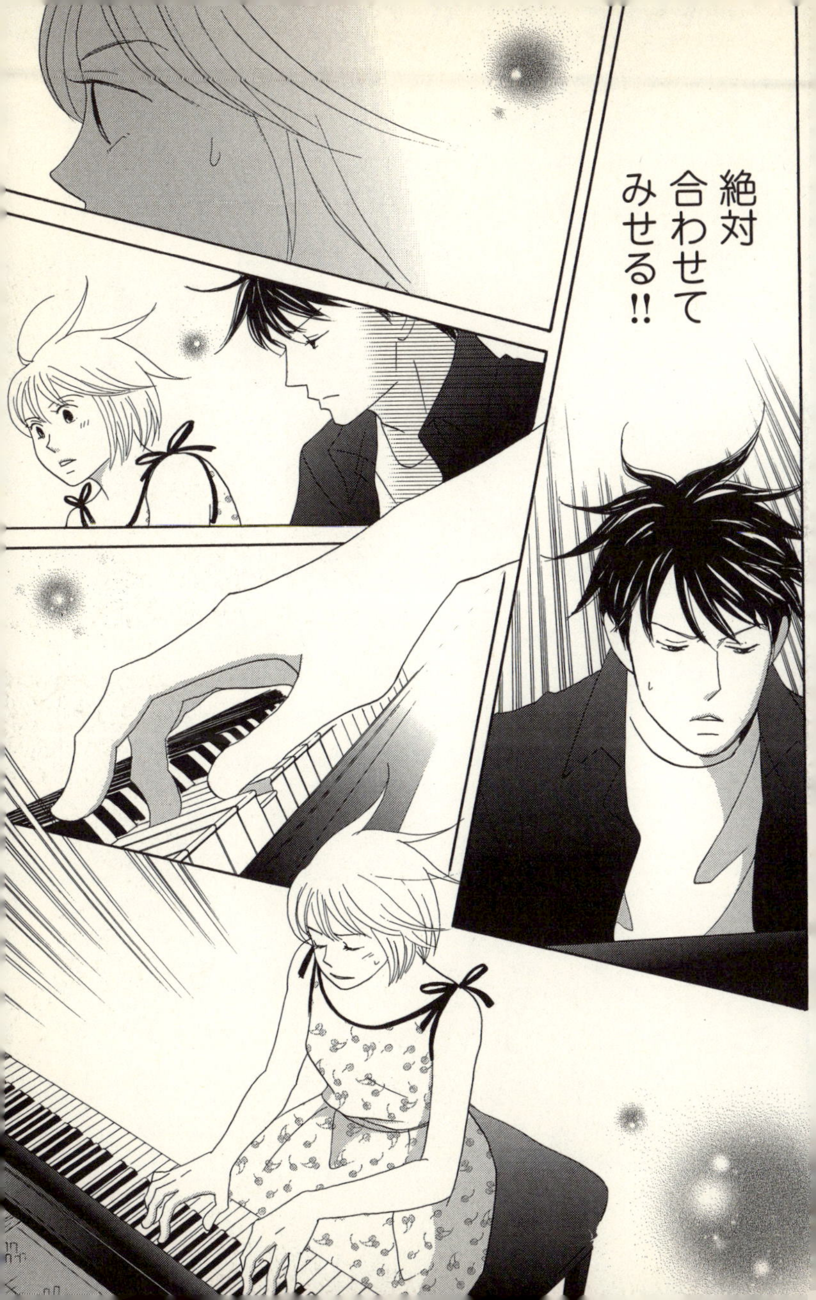
絶対
合わせて
みせる!!

〝ニーナ〟
〝あなたのマスタークラスにいた子……〟
〝どうでした？彼女のピアノ〟
〝なに!?このバルトーク〟
〝だれが弾いてるの!?〟
〝こんな演奏をした学生はいなかった！〟
〝だれ!?〟

例えば

天気ひとつで
音が変わって
しまうように
小さなことが
そのこと全てを
変えてしまう
ことがある
オレたちの
始まりだって
ゴミの部屋で
聴いた
ベートーヴェンで
小さな
練習室でやった
2台のピアノの
モーツァルトだった
だろう

Andante

いくら
苦しくても

気が遠くなるほどの
孤独な戦いが
待っていようと

こんな
喜びが
あるから

何度でも
立ち向かおうと
思えるんだ

なんで終楽章で土石流みたいに崩れ落ちるんだよ!!

ムラッ気は相変わらずか!?

昔と違うおまえってどこだ!?

真一って一途だったのね……

あれから4年も

Lesson.132の後
ポポポポチ
ポポポポチポチポチポ
ポチポポポチポ
ポポポチ
「恵ちゃん
パリの
アパルトマンに
帰ってきてるよ」
送信
ポポポポチ
ポポポポ
送信
「おりに
電話しるように
言ってくり」
千秋くん
……!?
残念メール

The Last Lesson

もう病気は
良くなったの？
恵
あ
たいしたこと
ない病気
だったっけ？
あー
ハイ……
すみま
せん……
また よろしく
お願いしマス!!
もう
迷いまセン!!

しかしねぇ
今頃来ても……
ボクも明日から公演で北欧だし
試験はとっくに終わっちゃったし
のだめまだここで勉強したいんですけど
だめなんですか？
クルヒ!?
9月に追試がありますよ
ほー
それからサン・マロのブノワ家からまたコンサートの依頼が来てますけど
行きますか？

はい！
行きます!!
そこは絶対!!
バカンスはずっと練習ですネー
ハイ！！
夏のバカンス――
あれあれ～
真一くん!?

こんな所から出勤ですか～？
掃除がね！
随分かかったもんで
またまた～
ハハ
なにやってんですか!? そんな所で
ランチだよノ
別れてなかったんだね
よかったよかった
う…
先輩のことも好きじゃいられなくなりそうで
あれは一度……
事実上別れて(振られて)いた気がする

今はマルレもオフシーズンでしょ?
真一はどこも行かないの?
地方興行があるんですよ
僕は他にも客演で呼ばれてる所もあるし
ボンジュール
Bonjour!
おかえりーハンス
お!
Bonjour……

あー
行ってらっしゃーい
リーピン
新しいここの学生よ
はじめて会った?、
母さんが
また
変なのを
集めてる……?
ヴァイオリンと
ピアノの子
面白い子たち
だよ～
また
一癖も
二癖も
あって
新しい希望
末は
のだめか
ユンロンか
世も末…
ユンロン
……
グス…
ユンロンは
先週
とうとう
帰国した
みんな!
絶対
中国
来いよ!!
号泣

出世してたらコンサートやらせてやるから!
どこの国家主席だ?
えらそーに
ありがとうユンロン
ターニャも来年ロシアに帰ることになったら連絡してヨ
うちのピアノ教室で教師募集
帰らないから!!
キー
どうだか!
うっさいわね!! バカー
ターニャは試験を通り室内楽のクラスへ
コンクールも素晴らしかったわよ!
母からも援助が受けられることになりなんとかパリに残れることになった
そしてフランクは
えっ。
ボク?
フォンティーヌ音楽祭!?

うん
よかったら
わたしとデュオ
やって!
Ruiと
デュオ!?
やる!
やるよ
もちろん!!
ミシェル先生が
フランクを
推薦してくれて……
コンセルヴァトワール
在学中のRui
色々なことにチャレンジ中
ありがと~
Rui!!
こちらこそ
よろしくね!
フランクは
室内楽や
伴奏で
先生の
覚えめでたく
オタクの
底力は
地味でも
強い
それにしても
フォンティーヌ
音楽祭か……
有名で大きい
やつじゃん…
先輩は
なんて
音楽祭に
出るんですか?
いいな……
それが……
聞いたこと
ない名前で
……
はラ～?

フランス
某地方――
ようこそ!!
ア
おらが村の
収穫祭へ
〜〜〜〜〜!!
第1回
たまねぎ祭り
観光事業
Missたまねぎ
収穫…?
ブ…
「音楽祭」じゃないんだ…
ゲネ終了
まじかよー
♫たまねぎはママの味～ラララ～
前座は地元の子供合唱団……
あはは
かわいー

オレたちが
なんで
たまねぎの
ために……

くっ

ワイン祭りが
よかったなー

マルレは
相変わらず
のような……

そんなこと
ないです!!

観客動員も
定期会員の
申し込みも

着実に
増えてます
!!

しかし
財政は
まだまだ
厳しいので

どんな
仕事でも
ニコニコ
演奏!!

はりきって
行きましょー!!
オーーー

道のりは
まだ遠いけど

確実に
前に一歩は
踏み出せたと
思う

黒木くんは
………

おー〜

パパが
首席!?

黒木は
クビ!?

パパラッキー!

うわ～
ゴオオ
もうここドイツ!?
わたし実はドイツってはじめてなのよね～
キャー早くビールのみた～い
ピアノ伴奏者ターニャを連れてミュンヘンで開かれるオーボエ・コンクールへ
そうなんだ
わたしの泊まるホテルヤスと一緒よね!?
ステキホテル？
えっ
いや……
ぎょっ
僕はコンクールが用意してくれたホテルだけど
ターニャのホテルは僕が別にとったから
え～っ
別なの!?

なんだぁ〜つまんな〜い
つーかひじー
ちょっと
なに赤くなってんのよ!!
やだっ
誤解しないでよ!!
ぎょっ
わたしはただひとりじゃ心細かっただけで……
そんな変な意味……
コンクールなんだから!!
そそうだよ
コンクールなんだよ!!
ちゃんと集中しないと!!
暇なら譜読みしよう!!
Mozart
そそうね
集中……
ホラピアノ譜
時間がもったいない!
Mozart

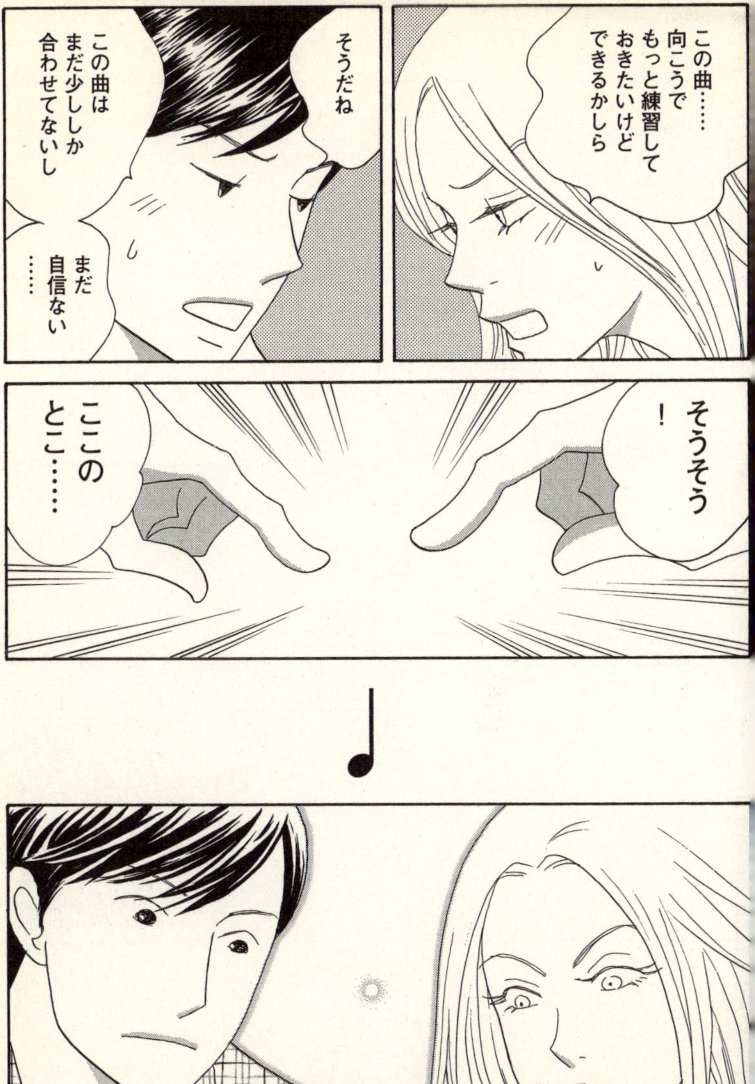

この曲……向こうでもっと練習しておきたいけどできるかしら

そうだね

この曲はまだ少ししか合わせてないいし

まだ自信ない……

そうそう！

ここのとこ……

何百年も前に記された音符が

惹(ひ)かれ合ったり

それは千秋先輩とだけじゃなくて
世界中そんなのがいっぱいあるはずだってわかったから
海の向こう岸があると思うとやっぱり人は漕ぎ出しちゃうんですヨ！
今も昔も変わらない

よく
わからない
けど……
のだめを
最高に
輝かせるのは
僕だから！
今はアレ
だけどっ
僕は
千秋以上の
指揮者に
なるよ！
絶対！
あっ
いけね
家庭
教師の
時間だ！
帰らなきゃ
家庭教師⁉
うん
僕
普通の学校は
行ってないから
家庭教師に
勉強教えて
もらってるんだ
……
そうなの
⁉

昔から？
うん
昔から
じゃあ
いだめ！
また
サン・マロから
帰ったらね
リュカ！
リュカは
普通の学校は
行きたく
なかった？
音楽の他に
やりたい
ことって
なかった？
……おじいちゃんが

僕の才能は
神さまが
くれたんだから
ちゃんと
世のため
人のために
使いなさいって
言ってたよ！
それに
まあ
やっぱ
音楽が
いちばん
好きだし！
じゃーねー

チェルシーアイランド
やったあ――!!
この小娘とうとう仕事を受けたわよ!!
のだめケイタイ
ホホホ
おー
コンサートですか!?
ロンドン響ともう一回!!
指揮者は別で!!
来年だけど

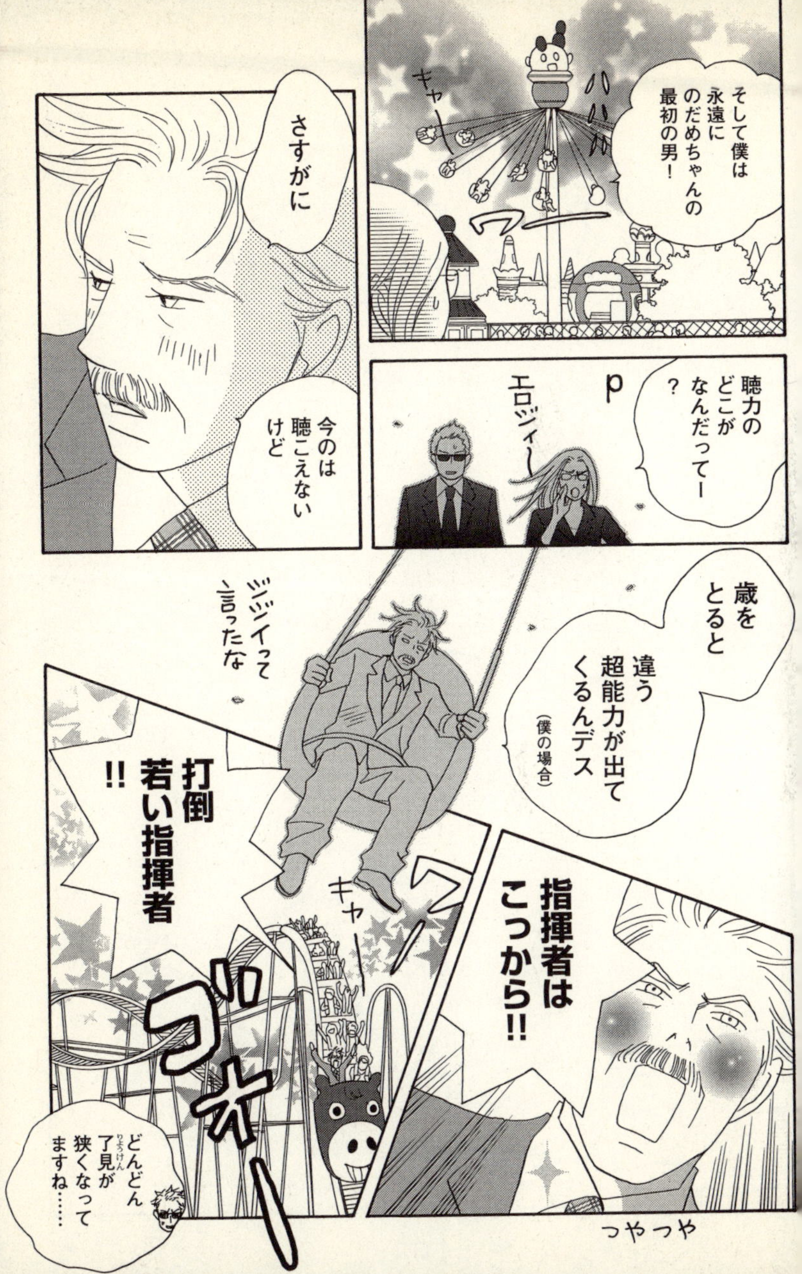
そして僕は永遠にのだめちゃんの最初の男！
キャー
ハハハ
ワー
さすがに
今のは聴こえないけど
聴力のどこがなんだってー？
p
エロジィ～
歳をとると
違う超能力が出てくるんデス
（僕の場合）
ジジイって言ったな
打倒若い指揮者!!
指揮者はこっから!!
ワ
キャー
ゴォー
どんどん了見が狭くなってますね……
つやつや

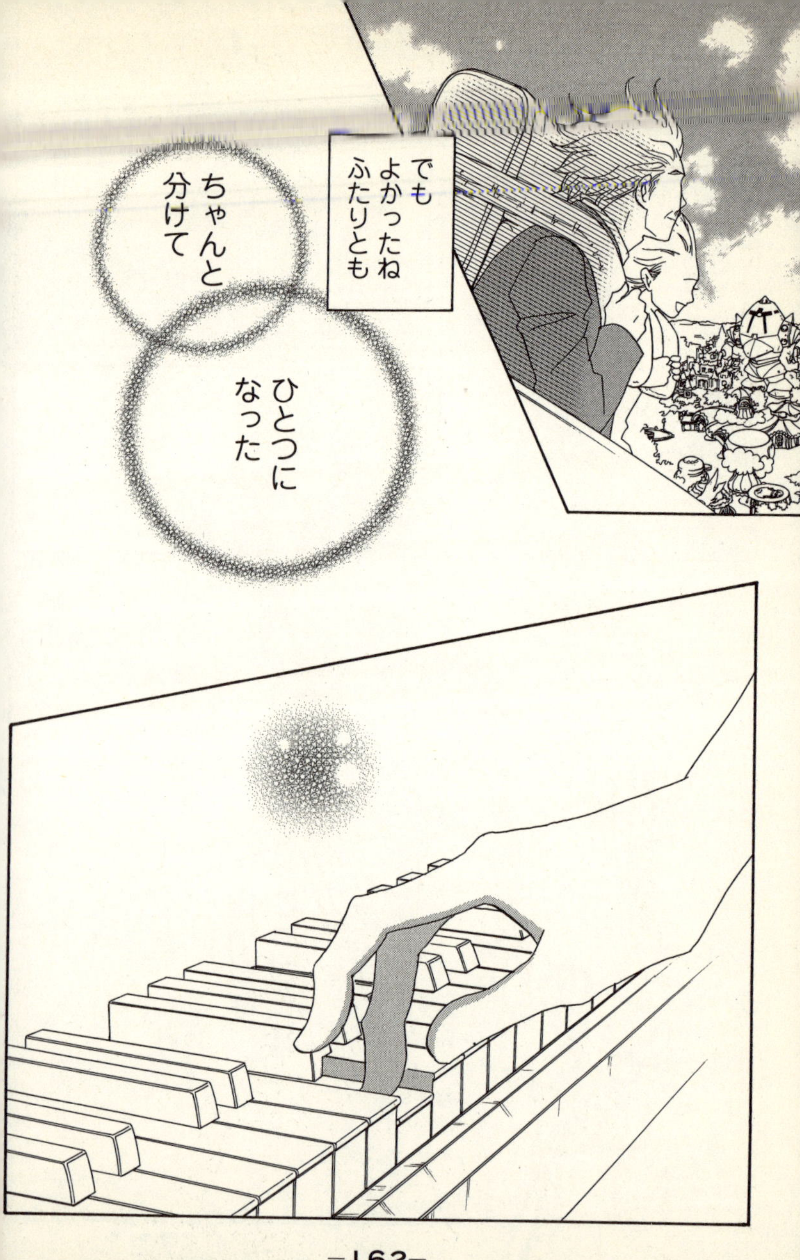
でもよかったねふたりとも
ちゃんと分けて
ひとつになった

魚ちゃーん!
はーい!
そろそろ時間だよ〜〜!
ブノワ家当主
ピエール・ド・ブノワ
しかしまたそれ着たの?
もちろんデス!!
ていうかピエールこそ〜

ワァ
ワァ
聴いた～？
シュトレーゼマンとのだめの協奏曲(コンチェルト)！
聴いた聴いた！
この間TVでやってた！
NODAME
びっくりしたわよ～
いきなりシュトレーゼマンなんて
のだめったら
さすが私たちが見込んだだけあるわね♡
ホホホ
さすが私たちね～

ランベール夫人の会

ってラッキーな子よね
本当コンクールにも出ずにね
それにしても今年は人が多くない？
のだめ
それがどうやらのだめの評判を聞いた人たちが周辺各地から来てるらしいわよ

孫
△ブノワJr.
△W執事
今年はボクが
パーティの華✧

ボンジユール
Bonjour!

ジユ マ ペ ー ル
Je m'appelle
ノ ダ メ
"NODAME"

♪のだめカンタービレ㉓／おわり♪

所載／2009年発行 Kiss No.12,15〜17,19,20

STAFF

五郎丸えみ

一番の古株ゴローちゃん。のだめの音楽シーンの基礎を作りあげてくれました！

シタラマサコ

マピコ。18歳からうちで下働き。大きく成長。小物と私をほのぼのさせるのが得意

二ノ宮知津子

パソコン隊のちぬたん。漫画好きで私の迷いをいつも解消してくれました。

二ノ宮 敦夫

パソコン隊長。料理長。ニノプロの運営から何からいつもありがとう！

近藤 良秋

近藤画伯。すばらしい絵を描く天才肌の男。背景に忍ばせたガンダム系の絵はすべて彼の仕業。

担当編集さん 三河 かおり

地獄のしめ切り中ほど光輝く強者。朝まで一緒にもうろうと打ち合わせしたり色々とがんばってくれました。

単行本担当さん 児玉 牧子

話し方がゆっくりな人。細かい笑い好きで、楽しい単行本をいつもありがとうございました！

取材協力、レギュラーの方々

リアルのだめ（のだめの生みの親。生まれてきてくれてありがとう！）
星野大地くん（音楽教室始めました！HP→http://mineon.jp）
大澤徹訓先生（のだめの音楽監修、作曲、本当に私の音楽の先生です！）
大澤美紀さん（長野への取材、おいしい手料理までありがとうございました）
茂木大輔さん（のだめファンに生の音楽を！の活動や生リード作り実演まで、感謝です）
小山清さん（ワインと楽しいこととバソンが大好き小山さん。好きです！）
井坂仁志さん（コンサートやオケ運営のことなど教えていただきました！）
Mちゃん（コンヴァトのこと、音楽のことをたくさん教えてくれました！）
道子さん、フランク（ステキ写真を一杯ありがとうございます！パリでまた！）
ゆうこさん、ジャン（いつまでも楽しいふたりでいて下さい♡）
長田家（いつもムッシュの絵に見守られてます。いたちゃん、ありがとう!!）

by 五郎丸えみ

はじめてお手伝いに来たのは のだめは3巻まで出てて、
仕事場には先生とPOMさんとチビ（猫）だけでした。
2人と一匹でこのクオリティは スゲー〜〜〜〜!!とビビりました。
あれから アシスタントが増えたり 楽器をたくさん描いたり
外国を描くことになったり、アニメになったり ドラマになったり 猫（ラン）がふえたり チビが逝ってしまったり
お子様が誕生したりと、なにかとにぎやかな中
のだめは制作されて行きました。
いま仕事場は 7人と一匹です。

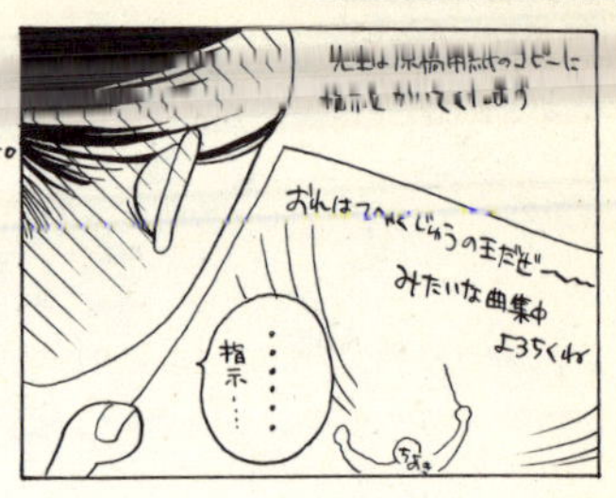

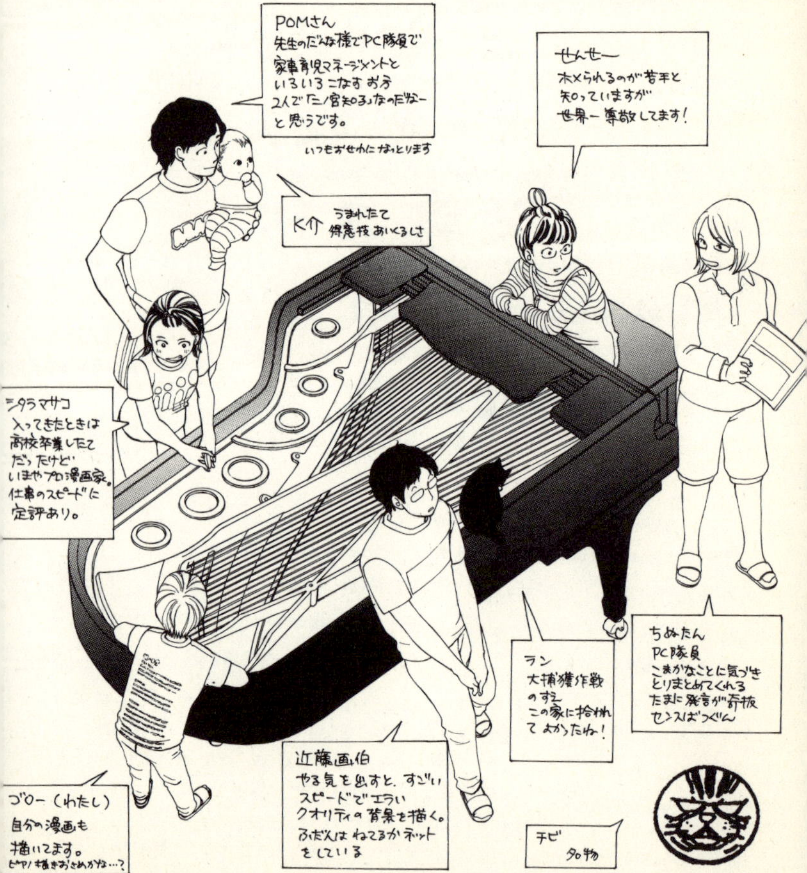

POMさん
先生のだんな様でPC隊員で
家事育児マネージメントと
いろいろこなすお方
2人で「二ノ宮知子」なのだなーと思うです。
いつもおせわになっとります

せんせー
ホメられるのが苦手と
知っていますが
世界一尊敬してます!

K介 うまれたて
得意技 あいくるしさ

シタラマサコ
入ってきたときは
高校卒業したて
だったけど
いまやプロ漫画家。
仕事のスピードに
定評あり。

ラン
大捕獲作戦
のすえ
この家に拾われ
て よかったね!

ちぬたん
PC隊員
こまかなことに気づき
とりまとめてくれる
たまに発言が奇抜
センスばつぐん

近藤画伯
やる気を出すと、すごい
スピードでエラい
クオリティの背景を描く。
ふだんはねてるかネット
をしている

ゴロー（わたし）
自分の漫画も
描いてます。
ピアノ描きおさめかな…?

チビ
夕物

こんなチームでした。

by シタラマサコ

アシスタントのシタラです
ペコリ
今日は先生について少し……
アシスタイル
先生 ネーム どこまで進みました？
え!? ネーム？ うん できたら持ってくー
しめ切り あさってですよ!
いつもはお茶目な先生ですが
筆(ペン)を持つと……
さあ楽しい漫画の時間デス!!
この人が筆(ペン)をふるうだけでキャラが輝きだす漫画が動きだす……!
ねてる？→
指揮棒?
ブラーヴィー！
原稿完成
先生 なにしてるんですか？
うね
ん？
ワカメになる練習
うね
えっ
おわり
ニ宮先生のだめ連載お疲れ様でした！アシとして先生からたくさんの事を学んだのですが、わすれっぽい私なので、これからも学ばせて下さい！ありがとうございました！
POMさん
ラン
ちめたん
ゴロさん
近藤さん
ミカリン
そして…私事ですがブログやってます
先生…本当に書いちゃいましたよ。いいんですかね先生…先生!?

by 二ノ宮知津子

先生、POMさん＆Jr.
近藤画伯、ゴロちゃん、
まぴちゃん、ミカリン
ありがとうございました。

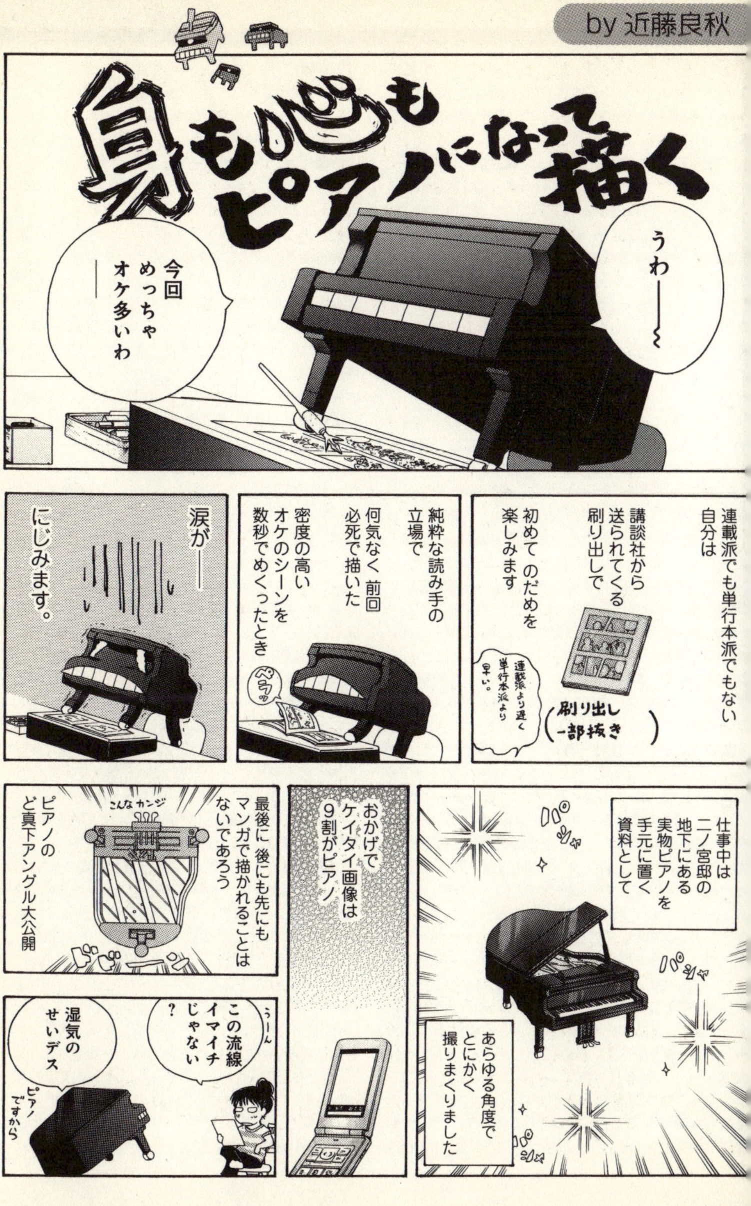

身も心もピアノになって描く

うわ――~

今回めっちゃオケ多いわ――

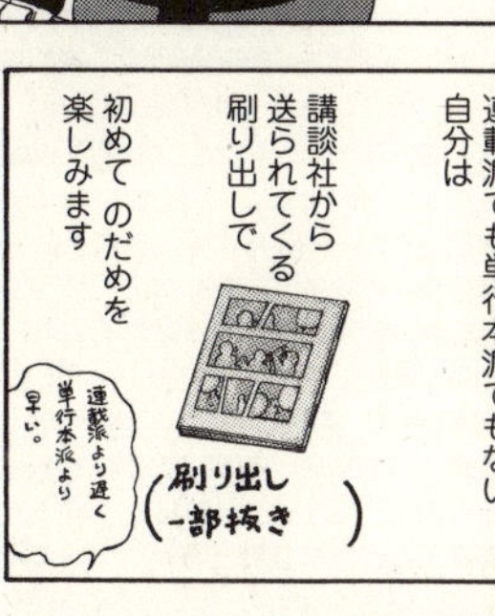

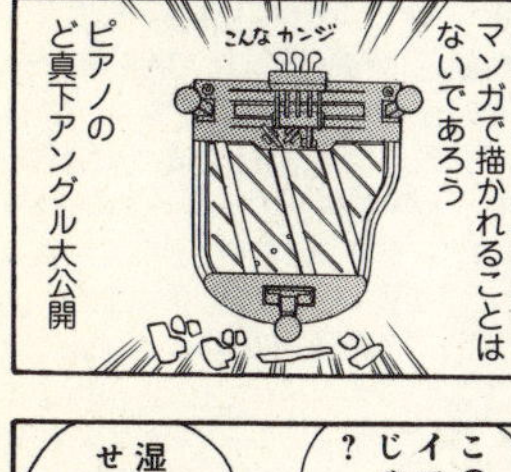

《東洋書店 ユーラシア・ブックレット》○ロシア・エチケットへの旅 マルガリータ・冨田 訳 井桁貞義 ○ロシア料理・レシピとしきたり 荒木瑩子 ○ロシアがわかる12章［改訂版］ ユーラシア・ブックレット編集委員会 ○ロシア経済図説［改訂版］ 岡田進 ○転換期の肖像 現代ロシアの女性たち ガリーナ・ドゥートキナ 訳・水野祐子 ○大統領プーチンと現代ロシア政治 永綱憲悟 ○ロシア・オペラ 名作20選 キーロフ・オペラ友の会編 《音楽之友社 作曲家別名曲解説ライブラリー》○ベートーヴェン ○ドビュッシー ○ラヴェル ○ブラームス ○ショパン ○モーツァルト I ○モーツァルト II ○ストラヴィンスキー ○ハイドン 《音楽之友社》○天才を育てる 名ヴァイオリン教師 ドロシー・ディレイの素顔 バーバラ・L・サンド 訳・米谷彩子 ○ラヴェル 生涯と作品 アービー・オレンシュタイン 訳・井上さつき ○ウィーンっ子による ウィーン音楽案内 フランツ・エンドラー 訳・大田美佐子 ○オーケストラと指揮者 ―そのスタイルと役割の変遷をたどる アドリアーノ・バッスィ 訳・入江珠代 ○対位法 長谷川良夫 ○音楽講座 対位法 下総皖一 ○これがヴァイオリンの銘器だ！ 華麗なるイタリアン・オールド・ヴァイオリンの世界 佐藤輝彦 文・奥田佳道 ○心で弾くピアノ ―音楽による自己発見 セイモア・バーンスタイン 訳・佐藤覚 大津陽子 ○栄華のバロック・ダンス ―舞踏譜に舞曲のルーツを求めて 浜中康子 ○和声の原理と実習 外崎幹二 島岡譲 ○ブラームス 4つの交響曲 ウォルター・フリッシュ 訳・天崎浩二 ○作曲の基礎技法 訳・山縣茂太郎 鳴原真一 ○音楽と思想・芸術・社会を解く 音楽史 17の視座 ～古代ギリシャから小室哲哉まで～ 田村和紀夫 鳴海史生 ○リヒテルは語る 人とピアノ、芸術と夢 ユーリー・ボリソフ 訳・宮澤淳一 ○〈大作曲家〉モーツァルト フリッツ・ヘンネンベルク 訳・茂木一衞 ○ディートリヒ・フィッシャー＝ディースカウ ―偉大なる声楽家の多面的肖像 ハンス・A・ノインツィヒ 訳・小場瀬純子 ○ピアノの巨匠たちとともに あるピアノ調律師の回想 フランツ・モア 訳・中村菊子 ○ガイドブック 音楽と美術の旅 オーストリア 監修・海老沢敏 稲生永 ○ピアノ演奏芸術 ゲンリッヒ・ネイガウス 訳・森松皓子 ○アナリーゼで解き明かす 名曲が語る音楽史 ～グレゴリオ聖歌からボブ・ディランまで～ 田村和紀夫 《白水社》○モーツァルト書簡全集（全6巻） 編訳・海老沢敏 高橋英郎 ○フーガ 監修・池内友次郎 訳・余田安広 《講談社学術文庫》○モーツァルト 吉田秀和 ○モーツァルト考 池内紀 ○モーツァルトの手紙 吉田秀和 《中公文庫》○チャイコフスキー・コンクール ピアニストが聴く現代 中村紘子 ○オケマン大都市交響詩 オーボエ吹きの見聞録 茂木大輔 《文藝春秋》○指揮のおけいこ 岩城宏之 ○ピアニストという蛮族がいる 中村紘子

《小学館》○母と神童 五嶋節物語 奥田昭則 ○絶対音感 最相葉月 《早稲田出版》○国際ピアノ・コンクール ジョーゼフ・ホロウィッツ 訳・奥田恵二 ○宮廷バレエとバロック劇 ―フランス一七世紀― 伊藤洋 《新潮社》○世紀末ウィーンを歩く 池内紀 南川三治郎 ○ベートーヴェンへの旅 木之下晃 堀内修 《新潮文庫》○ボクの音楽武者修行 小澤征爾 ○モーツァルト ―カラー版作曲家の生涯― 田辺秀樹 《全音楽譜出版社》○はじめましてピアノ 江口寿子 ○ピアノレッスン日記 江口寿子 ○バルトークの作曲技法 エルネ・レンドヴァイ 訳・谷本一之 《美術出版社》○【カラー版】西洋絵画の主題物語 I 聖書編 諸川春樹 利倉隆 ○【カラー版】西洋絵画の主題物語 II 神話編 諸川春樹 利倉隆 ○【カラー版】西洋絵画史 WHO'S WHO 諸川春樹 《共同通信社 FM選書》○大作曲家の生涯 全3巻 ハロルド・C・ショーンバーグ 訳・亀井旭 玉木裕 《春秋社》○A（アー）をください ピアニストと室内楽の幸福な関係 練木繁夫 ○アンサンブルのよろこび 岩崎淑 ○指揮者の領分 カール・バンベルガー 訳・福田達夫 ○指揮者という仕事 シャルル・ミュンシュ 訳・福田達夫 ○ラヴェル その素顔と音楽論 マニュエル・ロザンタール 編・マルセル・マルナ 訳・伊藤制子 ○名指揮者との対話 青澤唯夫 《芸術現代社》○ママ、僕ピアノ嫌い！ 室井摩耶子 ○ラフマニノフ ～ピアノ協奏曲第2番にみる同曲異演の愉しみ 門田純 《みすず書房》○アラウとの対話 ジョーゼフ・ホロヴィッツ 訳・野水瑞穂 《藤原書店》○マーラー 交響曲のすべて C・フーロース 訳・前島良雄 前島真理 《ショパン》○いい音ってなんだろう あるピアノ調律師、出会いと体験の人生 村上輝久 《ヤマハミュージックメディア》○「マエストロ、時間です」 ～サントリーホール ステージマネージャー物語～ 宮崎隆男 《朝日新聞社》○朝日選書 ドイツ 歴史の旅 坂井栄八郎 《アルク出版企画》○バイオリニストは肩が凝る 鶴我裕子 《大河出版》○大河ホビー フルート,フルート！ 吉倉弘真 《視覚デザイン研究所》○巨匠に教わる 絵画の見かた 視覚デザイン研究所・編集室 《青弓社》○クラシック批評という運命 許光俊 《青土社》○ホロヴィッツの夕べ デヴィッド・デュバル 訳・小藤隆志 《新読書社》○チャイコフスキー その作品と生涯 クーニン 訳・川岸貞一郎 《はまの出版》○僕はいかにして指揮者になったのか 佐渡裕 《リベルタ出版》○ムラヴィンスキー：楽屋の素顔 西岡昌紀 《白揚社》○天球の音楽 ジェイミー・ジェイムズ 訳・黒川孝文 《草思社》○オーケストラ楽器別人間学 茂木大輔

●この本を読んだご意見・ご感想をお寄せいただければうれしく思います。

なお、お送りいただいたお手紙・おハガキは、ご記入いただいた個人情報を含めて著者にお渡しすることがありますので、あらかじめご了解のうえ、お送りください。

〈あて先〉
〒112-8001　東京都文京区音羽2丁目12番21号
講談社　KC Kiss
『のだめカンタービレ㉓』係

◎カバー、p.1のベートーヴェン ピアノ・ソナタの楽譜は、音楽之友社にご協力いただきました。
音楽之友社発行「ベートーヴェン ピアノ・ソナタ集3」は、ユニヴァーサル・エディション社、ショット社、音楽之友社の提携により日本語版が刊行されているウィーン原典版です。第一線で活躍する音楽学者と名演奏家の共同作業により、作曲家の意図がより深く理解でき、演奏に適している楽譜であり、現代においてもなお、最も信頼される楽譜と言われています。

講談社コミックスKiss　773巻

のだめカンタービレ㉓

2009年11月27日　第1刷発行
2010年 1月14日　第2刷発行
(定価はカバーに表示してあります)

著者　二ノ宮知子(にのみやともこ)
発行者　五十嵐隆夫
発行所　株式会社講談社
本文製版　豊国印刷株式会社
印刷所　図書印刷株式会社
製本所　株式会社フォーネット社

〒112-8001　東京都文京区音羽2丁目12番21号
編集部　03-5395-3483
販売部　03-5395-3608
業務部　03-5395-3603

落丁本・乱丁本は、購入書店名を明記のうえ、小社業務部あてにお送りください。送料小社負担にて、お取り替えいたします。
なお、この本についてのお問い合わせはKiss編集部あてにお願いいたします。

N.D.C. 726　174p　18cm
ISBN978-4-06-340773-0　　Printed in Japan

ケータイ版
♪のだめワールド♪へ
ようこそ
http://
girlsi.jp
(ドコモ・au・ソフトバンク対応)
待受やFlash、デコメ
のだめファン必見デス!!♥
待受&Flash
名シーンの待受やFlashがたっくさん! 今後も続々更新予定だよ♪
★NEW★デコメール
ここにメッセージを入れてメールを送ろう!!
絵文字・テンプレート・アイコンも登場!! のだめや千秋でメールを飾ろっ☆
直感ゲーム
ケータイを傾けてのだめを操作。千秋の入浴シーンをのぞいちゃおっ♥
(iモード専用)
ケータイで二ノ宮知子のコミック『のだめカンタービレ』や
『GREEN～農家のヨメになりたい～』も読める!
女のコ待受サイトの決定版「講談社ガールズ♥」では、約50タイトルの少女マンガ&少年マンガ&ギャグマンガの待受、小説、ゲーム、占いが楽しめます♪
待受は毎日更新中♪
コスプレ★アニマル／BOYSエステ／キス&ネバークライ／ライフ／ホタルノヒカリ／働きマン／溺れるナイフ／もやしもん ほか
月額294円(税込)